Bibliografische Information der Deutschen Nationalbibliothek:

Die Deutsche Bibliothek verzeichnet diese Publikation in der Deutschen Nationalbibliografie; detaillierte bibliografische Daten sind im Internet über http://dnb.d-nb.de/ abrufbar.

Impressum:

Druck und Bindung: Books on Demand GmbH, Norderstedt Germany
ISBN: 9783668243941

Dieses Buch bei GRIN:

http://www.grin.com/de/e-book/324262/anreissen-und-koernen-von-bohrungsmitten-unterweisung-werkzeugmechaniker-in

Stefan Geschke

Anreißen und Körnen von Bohrungsmitten (Unterweisung Werkzeugmechaniker/in)

GRIN Verlag

Unterweisungsentwurf
zur
Ausbilder – Eignungsprüfung

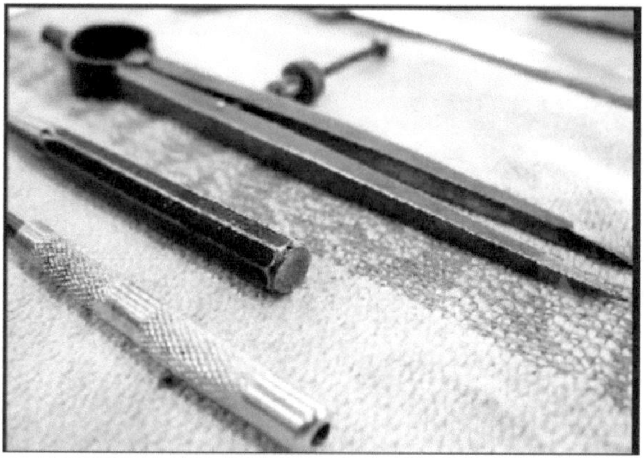

http://www.autoschrauber.de/sites/default/files/00057_anreisswerkzeug.jpg

Unterweisungsthema:

Anreißen und Körnen von Bohrungsmitten

Inhaltsverzeichnis

Auszug aus dem Ausbildungsrahmenplan Werkzeugmechaniker/in........... 3

Die Vier-Stufen-Methode.. 4

1. Vorbereitung.. 5

Die Vier-Stufen-Methode.. 9

2. Vorführung und Erklären.. 10

Die Vier-Stufen-Methode.. 12

3. Nachmachen und Wiederholen 13

Die Vier-Stufen-Methode.. 14

4. Selbstständiges Üben 15

Auszug aus dem Ausbildungsrahmenplan Werkzeugmechaniker/in

Berufs-bild-position	Teil des Ausbildungsberufs-bildes	Kernqualifikationen, die unter Einbeziehung selbständigen Planens, Durchführens und Kontrollierens integriert mit berufsspezifischen Fachqualifikationen zu vermitteln sind
1	2	3
		d) Instrumente zur Auftragsabwicklung sowie der Terminverfolgung anwenden e) betriebswirtschaftlich relevante Daten erfassen und bewerten f) Lösungsvarianten prüfen, darstellen und deren Wirtschaftlichkeit vergleichen g) im eigenen Arbeitsbereich zur kontinuierlichen Verbesserung von Arbeitsvorgängen beitragen h) Qualifikationsdefizite feststellen, Qualifizierungsmöglichkeiten nutzen i) unterschiedliche Lerntechniken anwenden k) Prüfverfahren und Prüfmittel auswählen und anwenden, Einsatzfähigkeit von Prüfmitteln feststellen l) Arbeitsergebnisse kontrollieren, beurteilen und dokumentieren m) Aufgaben im Team planen und durchführen
7	Unterscheiden, Zuordnen und Handhaben von Werk- und Hilfsstoffen (§ 18 Abs. 1 Nr. 7)	a) Werkstoffeigenschaften und deren Veränderungen beurteilen und Werkstoffe nach ihrer Verwendung auswählen und handhaben b) Hilfsstoffe ihrer Verwendung nach zuordnen, einsetzen und entsorgen
8	Herstellen von Bauteilen und Baugruppe (§ 18 Abs. 1 Nr. 8)	a) Betriebsbereitschaft von Werkzeugmaschinen einschließlich der Werkzeuge sicherstellen b) Werkzeuge und Spannzeuge auswählen, Werkstücke ausrichten und spannen c) Werkstücke durch manuelle und maschinelle Fertigungsverfahren herstellen d) Bauteile durch Trennen und Umformen herstellen e) Bauteile, auch aus unterschiedlichen Werkstoffen, zu Baugruppen fügen
9	Warten von Betriebsmitteln (§ 18 Abs. 1 Nr. 9)	a) Betriebsmittel inspizieren, pflegen, warten und die Durchführung dokumentieren b) mechanische und elektrische Bauteile und Verbindungen auf mechanische Beschädigungen Sichtprüfen, instand setzen oder die Instandsetzung veranlassen c) Betriebsstoffe auswählen, anwenden und entsorgen

Die Vier-Stufen-Methode
(TWI – training within industries)

Übersicht

Stufe	Vorgehen	Aktivitäts-Schwerpunkt
1. Vorbereitung	• Vorbereiten der Arbeitsmittel • Wiederholung der letzten Unterweisung • Bekanntgabe des neuen Themas „Anreißen u. Körnen von Bohrungsmitten“ • Motivation	-Beim Ausbilder
2. Vorführung und Erklärung	• Unfallverhütungsvorschriften aufzeigen • Erklärung und schrittweises Vorführen • Schlüsselfragen – Haben Sie alles verstanden? Wollen Sie es nun selber versuchen?	-Beim Ausbilder
3. Nachmachen und erklären lassen	• Nachmachen und dabei die einzelnen Schritte erläutern lassen • ggf. wiederholen	-Beim Auszubildenden
4. Selbstständiges üben	• Zeit zum selbstständigen Üben • aus der Distanz beobachten • Abschlussgespräch und Lob • Unterweisung ausdrücklich beenden	-Beim Ausbilder und Auszubildenden

1. Vorbereitung

1.1 Thema

Anreißen und Körnen von Bohrungsmitten

1.2 Themenwahlbegründung

Das Thema „ Anreißen und Körnen von Bohrungsmitten „ wurde gewählt, weil es sich dabei um eine Fertigkeit handelt, welche der auszubildende Werkzeugmechaniker in seinem späteren Arbeitsleben noch sehr oft benötigen wird. In der beruflichen Praxis müssen sehr häufig Werkstücke mit Maßen versehen werden um eine weitere Bearbeitung zu ermöglichen. Eine solche weitere Bearbeitung ist zum Beispiel das Herstellen von Bohrungen. Um eine solche Bohrung maßgenau und in hoher Qualität fertigen zu können bedarf es einerseits einer präzisen Maßübertragung auf das Werkstück und natürlich einer fachgerechten Ankörnung. Diese ist nötig, um das sichere Ansetzen des Bohrers zu gewährleisten. Das Beherrschen der Fertigkeiten Anreißen und Körnen ist also eine unabdingbare Voraussetzung, um nachfolgende Arbeiten qualitätsgerecht ausführen zu können.
Durch die heutige Automatisierung und hier speziell die Bearbeitung von Werkstücken mittels CNC – Maschinen werden solche Bohrungen zwar meist maschinell gefertigt jedoch wird es immer wieder Aufgabengebiete - wie z.B. die Reparatur – geben wo es auf manuelle Fertigung ankommt.

Im Ausbildungsrahmenplan der Ausbildungsordnung des Werkzeugmechanikers wird nicht umsonst das Erlernen dieser Fertigkeiten und Kenntnisse gefordert.

1.3 Lernziel

Der Auszubildende soll selbstständig und unter Berücksichtigung der Sicherheitsvorschriften, anreißen und körnen können.

1.4 Lernzielarten

• ***Richtlernziel***

Vorbereitung zum Thema „Bohren“

• ***Groblernziel***

Anreißen und Körnen

• ***Feinlernziel***

Anreißen und Körnen von Bohrungsmitten mit der Reißnadel und dem Körner

1.5 Unterweisungsmethode

Die Unterweisung erfolgt in der 4-Stufen-Methode

1. Stufe : vorbereiten
2. Stufe : vormachen und erklären
3. Stufe : nachmachen und erklären lassen
4. Stufe : selbständiges Üben

1.6 Begründung der Unterweisungsmethode:

Für die Unterweisung wird die 4-Stufen-Methode gewählt, da der Lernerfolg am größten ist, wenn der Auszubildende die zu lernende Fähigkeit selbst ausübt. Dadurch wird gleich Sicherheit und Praxiserfahrung vermittelt.

1.7 Werkzeug und Material

- Reißnadel
- Körner
- Messschieber
- Hammer
- 1x Blech
- Stahllineal
- Zeichnung
- Werkstattfeile A200-3

1.8 Ausbildungsberuf

Werkzeugmechaniker/in

1.9 Ausgangssituation

- Geschlecht und Alter sind nicht bekannt;
- Der Auszubildende trägt Sicherheitsbekleidung (Sicherheitsschuhe, Arbeitskleidung).
- Der Auszubildende befindet sich im ersten Lehrjahr
- Die Unterweisung findet in der Lehrwerkstatt vom Betrieb statt
- Die Verwendung von Messmitteln, Feilen und Anschlagwinkel sind bekannt.

1.10 Begrüßung und Motivation

Ich begrüße den Auszubildenden, führe ein wenig Small-Talk, um eine lockere Atmosphäre zu schaffen und ihm evtl. die Nervosität zu nehmen. Danach stelle ich ihm das Thema vor und erkläre ihm, dass dies die Vorbereitung zum nächsten Thema „Bohren“ ist und daher beherrscht werden muss.

1.11 Arbeitssicherheit

- Der Auszubildende muss seine Arbeitskleidung und seine Sicherheitsschuhe tragen
- Die zu verwendenden Werkzeuge und Arbeitsmaterialien müssen auf deren Zustand geprüft werden

Körner:

- Kopf des Körners von Öl und Schmutz sauber halten
- beim Körnen auf die Körnerspitze schauen

Hammer:

- darf keine Absplitterungen an Bahn oder Finne haben
- Keil muss fest am Stiel sitzen
- Stiel darf nicht gesplittert sein

Werkstück:

- muss entgratet sein
- muss weicher als die Körnerspitze sein

1.12 Technische Daten zum Werkzeug

Körner

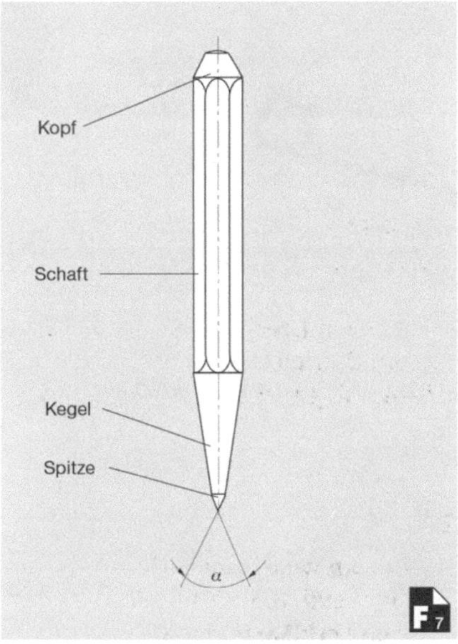

Körner werden aus Werkzeugstahl hergestellt. Die Körnerspitze ist gehärtet und hat unterschiedliche Spitzenwinkel (α).

Anreißkörner

30–60° Spitzenwinkel, zum Markieren von Anreißlinien und Einsetzen von Anreißwerkzeugen (Zirkel).

Bohrkörner

90° Spitzenwinkel, als Ansatzpunkt für Bohrerspitzen.

http://www.christiani.de/pdf/97333_probe.pdf

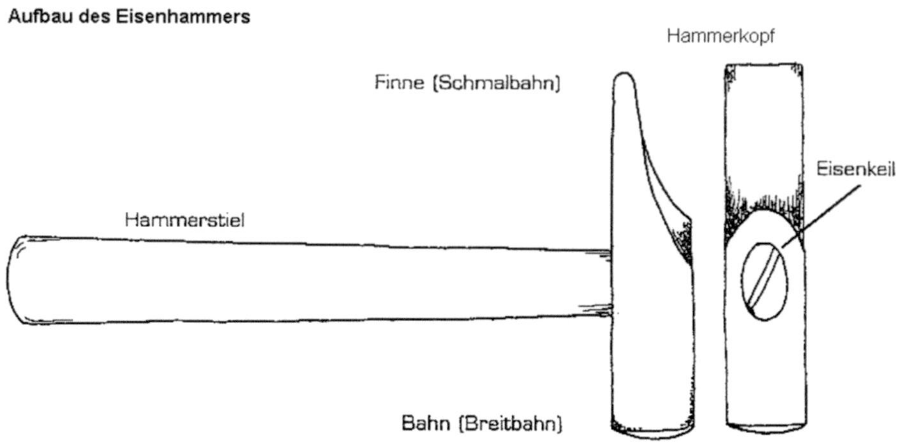

http://www.med-etc.com/natur/baum/holzbearbeitung-allg-d/024-eisenhammer-aufbau.gif

Reißnadel

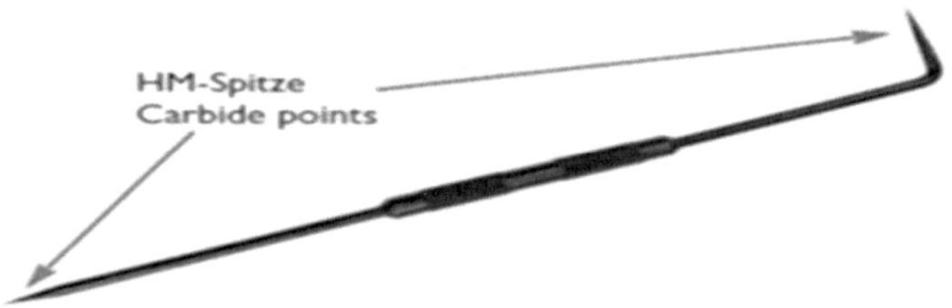

https://www.messwelt.com/media/image/8c/04/78/214032h54098f2e01358_200x200.jpg

Die Vier-Stufen-Methode
(TWI – training within industries)

Übersicht

Stufe	Vorgehen	Aktivitäts-Schwerpunkt
1. Vorbereitung	• Vorbereiten der Arbeitsmittel • Wiederholung der letzten Unterweisung • Bekanntgabe des neuen Themas „Anreißen u. Körnen von Bohrungsmitten“ • Motivation	-Beim Ausbilder
2. Vorführung und Erklären	• Unfallverhütungsvorschriften aufzeigen • Erklärung und schrittweises Vorführen • Schlüsselfragen – Haben Sie alles verstanden? Wollen Sie es nun selber versuchen?	-Beim Ausbilder
3. Nachmachen und erklären lassen	• Nachmachen und dabei die einzelnen Schritte erläutern lassen • ggf. wiederholen	-Beim Auszubildenden
4. Selbstständiges üben	• Zeit zum selbstständigen Üben • aus der Distanz beobachten • Abschlussgespräch und Lob • Unterweisung ausdrücklich beenden	-Beim Ausbilder und Auszubildenden

2. Vorführung und Erklären

Lernschritt Was?	Kernpunkt Wie	Begründung Warum
Prüfung des Materials auf Grat	Optische Prüfung, danach vorsichtig mit der Fingerspitze (Handschuh davor an) drüber fahren	Zur Vermeidung von Schnittverletzungen bei der Bearbeitung
Prüfen des benötigten Werkzeugs	Optische Kontrolle auf Defekt, Hammerkopf auf Wackeln kontrollieren	Vermeidung von Verletzungen durch z.B. Abfallen des Hammerkopfes
Zeichnung prüfen	Auf Zeichnung die Maße heraussuchen, die benötigt werden, um anzureißen.	Damit die Körnungen an der richtigen Position sind
Werkstück anreißen	Mittels Stahlmaßstab werden von der Maßbezugskante aus die vorgegebenen Maße abgetragen. Hierbei wird mit festem, gleichmäßigem Druck die Anreißnadel am Stahlmaßstab entlang gezogen, so das eine sichtbare Risslinie entsteht	Damit die Positionen klar ersichtlich sind und ein genaues Körnen möglich ist
Bohrungsmitten vorkörnen	Im Schnittpunkt der Risslinien liegen die Bohrungsmitten. Die Körnerspitze wird auf den Schnittpunkt gesetzt. Dabei wird der Körner leicht schräg im Winkel von ca. 60 Grad gehalten, um freie Sicht zu gewährleisten. Nun richtet man den Körner senkrecht auf und körnt mittels sachten Hammerschlags leicht an	Um evtl. Korrekturen an der Position vornehmen zu können (sieh Abbildung Hilfsmittel F7)
Nachkontrolle	Maße mit Messschieber kontrollieren gegebenenfalls wird der Körner schräg angesetzt und die Körnung in die richtige Richtung getrieben	Damit später die Bohrungen auch in der Toleranz liegen

Körnung ausführen	Stimmt die Position der Ankörnung exakt, kann mit einem kräftigen Hammerschlag die Körnung endgültig ausgeführt werden	Für eine eine gleichmäßige Einkerbung im Material so das der Bohrer später genau angesetzt werden kann.
Endkontrolle durchführen	Abschließend wird nochmals genau kontrolliert, ob die Körnung auch exakt im Kreuzpunkt der Schnittlinien liegt. Ist dies der Fall, war die Körnung erfolgreich. Beim späteren Bohren hat der Bohrer nun die erforderliche Anfangsführung.	Zur Sicherstellung, dass die Bohrungsmitten stimmen
Arbeitsplatz reinigen	Werkzeug sauber zusammenräumen evtl. Späne vom Entgraten mit Lumpen wegputzen	Um Verletzungen vorzubeugen und weiterhin sorgfältiges und ordentliches Arbeiten gewährleisten zu können

Zum Schluss frage ich den Auszubildenden, ob er alles verstanden hat und ob er es nun auch einmal probieren möchte.

Hilfsmittel

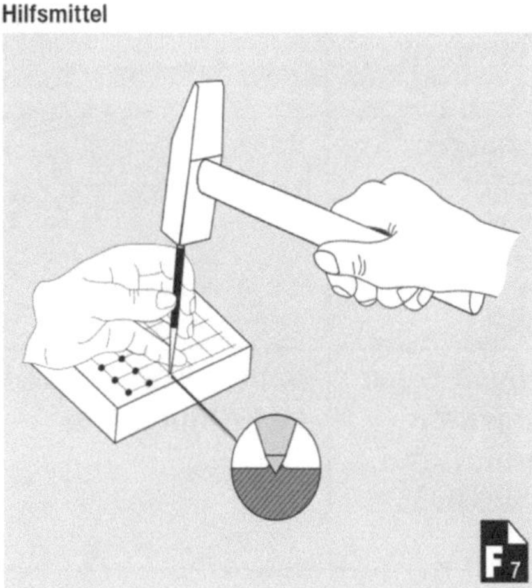

Hilfsmittel

- eine feste Unterlage
- Schlosserhammer

Hinweis

Die Anreißplatte darf **nicht** als Unterlage zum Körnen verwendet werden.

http://www.christiani.de/pdf/97333_probe.pdf

Die Vier-Stufen-Methode
(TWI – training within industries)

Übersicht

Stufe	Vorgehen	Aktivitäts-Schwerpunkt
1. Vorbereitung	• Vorbereiten der Arbeitsmittel • Wiederholung der letzten Unterweisung • Bekanntgabe des neuen Themas „Anreißen u. Körnen von Bohrungsmitten“ • Motivation	-Beim Ausbilder
2. Vorführung und Erklären	• Unfallverhütungsvorschriften aufzeigen • Erklärung und schrittweises Vorführen • Schlüsselfragen – Haben Sie alles verstanden? Wollen Sie es nun selber versuchen?	-Beim Ausbilder
3. Nachmachen und erklären lassen	• Nachmachen und dabei die einzelnen Schritte erläutern lassen • ggf. wiederholen	-Beim Auszubildenden
4. Selbstständiges üben	• Zeit zum selbstständigen Üben • aus der Distanz beobachten • Abschlussgespräch und Lob • Unterweisung ausdrücklich beenden	-Beim Ausbilder und Auszubildenden

3. Nachmachen und Wiederholen

Der Auszubildende wiederholt die einzelnen Arbeitsschritte des Ausbilders und erklärt mit seinen eigenen Worten Was, Wie und Warum er das gerade so macht und **NICHT** anders.

Bei auftretenden Schwierigkeiten gewähre ich ihm Hilfestellung. Eingreifen werde ich jedoch nur bei Fehlern. Wenn möglich versuche ich durch Hinterfragen seiner Arbeitsweise, ihn selbst auf den richtigen Lösungsweg zu bringen.

Bei erfolgreichem Durchführen von einzelnen Arbeitsschritten erteile ich ihm ein angemessenes Lob, um ihn zu motivieren.

Am Ende frage ich den Auszubildenden, ob er es sich nun alleine zu traut und weise ihn an noch ein paar Übungen zu machen um das neu erlernte zu festigen und eine gewisse Routine zu erlangen.

Die Vier-Stufen-Methode
(TWI – training within industries)

Übersicht

Stufe	Vorgehen	Aktivitäts-Schwerpunkt
1. Vorbereitung	• Vorbereiten der Arbeitsmittel • Wiederholung der letzten Unterweisung • Bekanntgabe des neuen Themas „Anreißen u. Körnen von Bohrungsmitten“ • Motivation	-Beim Ausbilder
2. Vorführung und Erklärung	• Unfallverhütungsvorschriften aufzeigen • Erklärung und schrittweises Vorführen • Schlüsselfragen – Haben Sie alles verstanden? Wollen Sie es nun selber versuchen?	-Beim Ausbilder
3. Nachmachen und erklären lassen	• Nachmachen und dabei die einzelnen Schritte erläutern lassen • ggf. wiederholen	-Beim Auszubildenden
4. Selbstständiges üben	• Zeit zum selbstständigen Üben • aus der Distanz beobachten • Abschlussgespräch und Lob • Unterweisung ausdrücklich beenden	-Beim Ausbilder und Auszubildenden

4. Selbstständiges Üben

Aktivität des Ausbilders :

Der Ausbilder beobachtet aus der Entfernung den Handlungsablauf des Auszubildenden, schreitet gegebenenfalls ein und steht dem Azubi als Lernberater zur Seite.

Aktivität des Auszubildenden :

Der Auszubildende macht den Handlungsablauf ohne Kommentar selbständig nach.

Anschließend wird eine gemeinsame Erfolgskontrolle durchgeführt, Anerkennung ausgesprochen und für künftige Arbeitsaufträge motiviert.
Der Ausbilder verabschiedet sich und gibt noch einen kurzen Ausblick auf das nächste Unterweisungsthema und dessen Termin.